WingMan Books by
Christine Thomas Doran

La Opción de Maddie
Escoge Vida
Zephyr, el Cazador de Dragones

**Otros Libros por
Christine Thomas Doran**

Brillante y Elegante, una Nutria
Aventura en el Rio Waccamaw

Brillante y Elegante Mas Nutrias
Aventuras en el Rio Waccamaw
Libro Dos: Salvando el Rio

Brillante y Elegante Mas Nutrias
Aventuras en el Rio Waccamaw
Libro Tres: Rescate de un Delfín

Gatitos Atigrados en la Medianoche

EscogeVida

❦

Christine Thomas Doran

Escoge Vida
Derechos del autor © 2019
Christine Doran

Comentarios
flashandfancy@gmail.com

Ilustrado por
Bob O'Brien

Traductor
Eric Molina

ISBN:
English Paperback   978-1-950768-03-5
English Hardcover   978-1-950768-04-2
Spanish Paperback   978-1-950768-32-5
Spanish Hardcover 978-1-950768-35-6

Publicado por: Prose Press
Pawleys Island, SC 29585
prosNcons@live.com

Libros Copilotos, es una división de Addiction Resource Systems, Inc.. Dedicado a la educación de niños de todas edades acerca de los peligros de las adicciones y los comportamientos adictivos

breakfreestayfree.com

Dedicación

May you all be Dragonslayers! Mi libro, escoge vida, es dedicado no solamente a los niños de mi familia pero a los niños en todos lados. Mi esperanza es que todos ustedes escogerán opciones sabias y siempre tendrán el coraje de ser siempre fiel a ustedes mismos.
¡Sean todos Cazadores de Dragones!

Ellos son los Copilotos

Ellos son los copilotos, siempre allí desinteresados, en tu momento más oscuro, sabes que a ellos les importas.

Ellos comparten tus sufrimientos y te demuestran compasión, constantemente apoyando hasta obtener la victoria.

Ellos son los héroes anónimos que escuchan tus miedos, cuando tú gritas en agonía y derramas tus lágrimas.

Ellos son familia, amigos, y profesores a quienes tú les mantienes cariño. Ellos son los doctores y consejeros, por siempre cerca.
¡Ellos son los copilotos quien siempre animan, nunca temas!

Ellos son los copilotos por siempre llenos de esperanza. Ellos te darán las herramientas que te ayudaran en tus enfrentamientos.

Copilotos, ángeles reconfortantes con sus alas te cubrirán. Manos amorosas ellos te abrazaran cuando tus enemigos están alrededor.

¡Ellos son los copilotos!

Por: Christine Thomas Doran

Reconocimientos

Unas gracias muy especiales a Bob O'brien quien ha trabajado incansablemente en mi proyecto de libros de copilotos, y un agradecimiento especial a nuestro traductor, Eric Molina.

También quiero dar gracias a todos la gente copilotos que están trabajando detrás de las escenas para hacer este proyecto una realidad. Unas gracias muy grandes a todos los otros autores apasionados quienes están dedicados a un proyecto que envuelve la educación de nuestros niños y a ayudar gente que están sufriendo de adicciones.

Gracias a mi esposo, Tom Doran, quien ha sido más allá de paciente conmigo. ¡Gracias por todos tus consejos y apoyo en mis esfuerzos de escritura!

¡Por ultimo pero no menos importante, me gustaría darle gracias a mi hermana, Nita Brady, por la gran inspiración que me ha dado con sus escrituras del club de libros de Cazadores de Dragones! Ella me ha ayudado a abrir los ojos al tópico crucial de los niños de personas encarceladas y al círculo de adicción que está destruyendo tantas familias hoy día en nuestro país. ¡Sí, estamos en una crisis!

Un día soleado glorioso saludaba a Ethan en su primer día de sus vacaciones de primavera. Sintiéndose eufórico, saco su brillante tabla azul y decidió usar su patineta para ir a la casa de su mejor amigo Tyler. La sensación de suavidad de su paseo, en lo que atravesaba el laberinto de aceras, hizo a Ethan sentirse como un surfista agarrando la ola perfecta.

"¡Libertad!" "¡No escuela por una semana!" "¡No tareas!" el gritó en vos alta hacia el azul del cielo de la mañana. Ethan expertamente navegaba por las aceras hacia la casa de Tyler y pronto ya estaba tocando la puerta de enfrente de su mejor amigo.

Inmediatamente Tyler abrió la puerta. "¡Hola, amigo!" ¿Qué tal? lo saludó Tyler con una sonrisa enorme y un choque de puños.

Ethan contesto excitado, " ¡Hola, amigo!" ¿Quieres ir a patinar en las calles?

"¡Oh sí!" " ¡Genial!" "¡Déjame ir a preguntarle a mi mama!," respondió Tyler ansiosamente. Tyler salió de su casa con su nueva patineta de color rojo brillante apretada bajo su brazo.

"¡Anda!" "¡Linda patineta, Tyler!" dijo Ethan con admiración.

Tyler sonrió, "¡Gracias!" "Es un regalo de cumpleaños de mi Papa."

"¡Tengan cuidado allá afuera, niños!" Les advirtió la mama de Tyler, quien parecía estar muy lejos en lo que Tyler cerraba la puerta de enfrente. Los dos amigos veloces parecían dos venados mientras rápidamente se bajaban de las escaleras del porche del frente de la casa.

Dentro del próximo minuto, los dos niños de diez años estaban navegando las aceras de las calles con árboles alineados de su pequeño pueblo. Una mirada de gozo brillaba en sus ojos mientras ellos expertamente navegaban los caminos alrededor del pueblo. "¡Libertad!" gritaron los dos hasta arriba de sus pulmones.

Eventualmente, los niños se acercaron al parque de su pequeño pueblo. Ethan y Tyler habían jugado en este parque por tanto tiempo como podían acordarse. Cuando eran más jóvenes, sus padres venían con ellos a supervisarlos cuidadosamente mientras jugaban en los columpios y en los tableros deslizantes.

De todas maneras, ellos amaban venir al parque porque tenía un área de patinetas asombrosa con

4

rampas donde ellos podían practicar sus saltos. Ya que los dos niños eran mayores ahora, sus padres tenían confianza que ellos eran lo suficientemente capaz de ir al parque solos por un corto tiempo.

En lo que navegaban fácilmente hacia el área del parque, Ethan y Tyler decidieron sentarse en una banca del parque para un corto descanso.

Ethan le pregunto a Tyler, "¿Vas a ir a algún lugar especial durante la vacación de primavera?"

Tyler respondió encogiendo los hombros, "En verdad no. Yo creo que probablemente vamos a ir a la playa.

¿Qué tal tú?"

"¡Lo mismo, pero en la playa puede ser muy divertido!". "¡Voy a probar mi nueva tabla de surfear!"

dijo Ethan. ¡Surfear el océano era tan excitante como patinar en las calles para el!

En ese momento, los dos amigos notaron un joven adolescente aparecer dentro de los árboles. Él estaba caminando hacia ellos, y se les acercaba, Ethan lo reconoció ya que era un joven llamado Jake. Él había sido amigo de su hermano mayor, Alex. En un tiempo atrás, Jake había sido el mariscal estrella de la escuela secundaria.

"¡Hola muchachos! ¿Qué tal?" el adolescente preguntó, evitando hacer contacto directo a sus ojos. Él iba vestido con una capucha oscura la cual cubría su rostro parcialmente. El miraba al suelo y todos sus alrededores sospechosamente, asegurándose que nadie más estaba alrededor. En su mano derecha cargaba una mochila vieja y sucia.

"Oh…Hola, Jake," Ethan titubeaba en lo que contestaba. "¿Qué están haciendo aquí?" Ethan sabía que Jake había estado envuelto en drogas con su hermano, Alex, y se preguntaba porque estaba en el parque…y hablando con ellos.

" ¿Quieren ver algo realmente genial?" Jake preguntó, todavía sin mirarlos directamente a ellos en lo que hablaba.

"¿Bueno…Yo no sé. Depende. Como qué ?" Ethan respondió.

Tyler intervino y preguntó dudosamente, "¡Sí! ¿Cómo Que?"

Jake sacó de su mochila unas bolsitas plásticas coloridas. Ellas parecían dulces con los que los niños estaban familiarizados. Entonces el adolescente dijo, "Si ustedes abren estas bolsas, van a encontrar un dulce asombroso que los va

hacer sentir muy, muy bien, y entonces poof, todos sus problemas van a desaparecer."

Una mirada de duda y sospecha ocurrió entre Ethan y Tyler. Ellos se preguntaban si esas pastillas que parecían dulces eran en realidad drogas y no dulces. Habiendo escuchado algo acerca de pastillas como esas de sus profesores en la escuela, los niños estaban cautelosos. Si esas eran drogas actualmente, no eran la clase de buenas drogas que ellos tomaban cuando estaban enfermos. Ethan comenzó a tener un muy mal presentimiento en cuanto a la situación con Jake.

Ethan estaba consciente de lo malas que esas drogas podrían ser. Su hermano mayor, Alex, había escogido tomar drogas. Sus padres habían notado cambios en el comportamiento de su hermano. Alex había comenzado a juntarse con un nuevo grupo de amigos y paro de pasar tiempo con los amigos con los cuales había tenido una amistad muy cercana. En la escuela, los grados buenos que había tenido comenzaron a bajar. Entonces,

Alex hasta había comenzado a tener quejas de sus
profesores acerca de su comportamiento en las clases.
Él había sido arrestado como un año atrás por la policía
en el medio de la noche. Un fuerte golpe en la puerta de
enfrente había despertado y asustado a la familia entera.
Alex estaba ahora recibiendo ayuda en un sitio especial
llamado centro de rehabilitación de drogas. De manera
que, Ethan había visto de primera mano el daño y el
dolor las drogas habían causado a su hermano y a toda
su familia también.

Súbitamente, Ethan escucho una pequeña voz
misteriosa que murmuraba a su oído. Él lo había oído
antes cuando

Él estaba a punto de hacer una decisión o escoger algo importante. Ethan llamaba esa pequeña voz su Copiloto, muy parecido a su ángel guardián.

La vos de su Copiloto dijo firmemente, "¡Hola Ethan! ¡Ten cuidado! Jake tiene malas, malas drogas que tú y tu amigo NO necesitan! Tú tienes que ser más inteligente. Esa clase de drogas puede dañar tu cerebro, el corazón y otros órganos importantes en tu cuerpo. Ellas van a opacar tus pensamientos. Tú te puedes volver adicto a ellas y ellas destruirán tus sueños para el futuro y tus metas, Ethan! Esas drogas te harán hacer cosas estúpidas y aun hacer cosas peligrosas que pueden dañarte a ti y dañar a otras personas. ¡Ellas hasta te pueden matar! ¡Escúchame! ¡Yo siempre estoy aquí para ayudarte! ¡Escoge Vida! ¡Sé un Cazador de Dragones!"

Ethan sabía que su Copiloto estaba en lo correcto. Él estaba contento que su Copiloto estaba allí para recordarle qué tan malas son las drogas realmente. Mirando a su amigo, Ethan murmuró una advertencia, "Tyler, Yo sé que Jake tiene extremadamente malas drogas."

Tyler movió su cabeza para demostrar que él lo sabía también.

Al momento, otro adolescente alto salió de los árboles y caminó hacia ellos. Él estaba vestido con una chaqueta

negra y tenía una mochila negra, similar a la que tenía Jake, colgada sobre su hombro. Jake le habló como alguien a quien conocía muy bien, "¿Hola, Paul. Qué está pasando?" Los dos adolescentes murmuraron algo y entonces se intercambiaron unas bolsitas transparentes.

Las drogas que ellos tenían le recordaron a Ethan de un dragón que respiraba fuego. "¡Yo quiero destruirte apoderándome de tu mente y tu cuerpo!" el dragón de las drogas rugió entre las llamas que disparaban de su boca.

Ethan dirigió su mirada hacia Jake y su amigo

drogadicto. "¡Uh, no gracias!" Ethan expresó enfáticamente. "¡Yo no necesito esas pastillas asquerosas para sentirme muy, muy bien. Yo no necesito ninguna basura falsa en mi cuerpo para hacer que mis problemas desaparezcan!"

Tyler suspiró impacientemente, "¡Holaaa! ¿No nos escuchas? ¡De ninguna manera! ¡No estamos interesados! Duh…¿lo entiendes?"

"¡Aw, vengan acá pequeños. Ustedes pueden confiar en nosotros! ¡Va a ser muy divertido! ¡Va a ser mucho mejor que estar de vacaciones de primavera! ¡Ha! ¡Ha! ¡Ha!" Se burlaba Paul.

Rodando sus ojos, Ethan gritó, "¿Cuantas veces tenemos que decirles a ustedes? La respuesta es 'de ninguna manera', ¿de acuerdo? ¿Cuál es su problema?"

"Vamos Ethan," contestó Tyler, quien había comenzado a sentirse muy inconfortable. "Alejémonos de estos perdedores."

Ethan estaba comenzando a sentir que su enojo le estaba creciendo por dentro del mismo. Otra vez gritó hacia Jake y Paul, "¡Ustedes no pueden decirnos que hacer! ¡Ustedes deben estar pensando que nosotros somos muy tontos!"

Paul gruñó. "¡Que par de miedosos! ¡Ustedes son los perdedores! ¡Váyanse a montar sus estúpidas patinetas de niño, par de estúpidos!" Las caras contorsionadas de Jake y Paul mientras se burlaban de los niños causó que los drogadictos se parezcan a demonios.

Otra vez, Ethan se recordó del dragón que parecía respirar llamas de enojo alimentado por las drogas. Era una escena aterradora, pero Él y Tyler rehusaron a ceder a la presión intimidante de Jake y Paul.

Así que, Ethan and Tyler le dieron las espaldas a los adolescentes y caminaron alejándose de lo que pudo haber sido una trampa muy peligrosa. En ese momento preciso, Ethan escuchó otra vez la voz de su Copiloto hablarle a su oído. Él la escuchó tan clara como el suave crujir de las hojas sopladas por el viento.

"Buen trabajo, muchachos," El Copiloto murmuró. "Siempre manténganse fieles a quienes son. ¡Escojan Vida! Sean ¡Cazadores de Dragones!"

Pronto, los dos jóvenes estaban lejos de los dos empujadores de drogas en el parque. Antes de subirse a sus patinetas, Ethan y Tyler hablaron del incidente peligroso que acababan de enfrentar.

Tyler expresó con alivio, "¡Whew! Esos tipos son unos perdedores. Yo espero que ellos arreglen su vida antes de que sea muy tarde."

Mirando para atrás sobre sus hombros, Ethan observó que los dos adolescentes todavía estaban parados en el mismo sitio donde estaban antes. Él respiró profundamente, "Yo espero que ellos se arreglen también. Me pregunto a qué punto decidieron usar drogas. Pero, todavía hay esperanza si ellos en verdad quieren cambiar. Tú sabes acerca de mi hermano, Alex, que está en rehabilitación, y todo eso. Él está tratando de transformar su vida, y Yo creo que está funcionando."

"¡Eso es magnífico, Ethan! Yo creo que Alex va a estar bien con la ayuda que está recibiendo. ¡Eso es impresionante!" dijo Tyler. Él había escuchado a sus padres hablar acerca de Alex en tono bajo, y Él sabía que su amigo tenía que estar muy preocupado.

Entonces, Ethan volteó hacia su amigo con asombro en su voz, "Tu sabes, Tyler, cuando estábamos hablando con Jake y Paul, Yo escuché una pequeña voz en mi oído. Yo le llamo mi Copiloto.

Tyler miro a Ethan con ojos tan grandes como platillos. Él dijo en una baja, asombrada voz, "¡Whoa! Eso es extraño, Ethan. ¿Qué te dijo?"

Ethan respondió lentamente, "Bueno, primero me dijo que esos tipos tenían malas drogas que podían seriamente hacernos daño. Después, él me dijo que siempre nos mantengamos fieles a nosotros mismos. ¡Él dijo que escojamos vida! ¡Finalmente, él dijo una cosa fantástica!"

"¡Dime! ¿Qué?" Estalló Tyler, sacudiendo sus manos al hablar.

Ethan le habló suave como si estuviera diciendo un secreto, "¡El Copiloto dijo, 'Se un Cazador de Dragones!'"

Tyler preguntó con una voz confundida, "¿Cazador de Dragones?"

"Bueno…mira Tyler, cada vez que vi a Jake y Paul, me imaginé que las drogas que ellos tenían eran como un dragón endemoniado que respiraba fuego listo para hacerte daño o hasta matarte"

Tyler exclamó, "¡Eso no es extraño! ¡Eso es Genial! ¡Somos Cazadores de Dragones!"

Súbitamente, Ethan tuvo una asombrosa idea. "Oye, Tyler. Porque no nosotros, como Cazadores de Dragones, hacemos un pacto que nunca usaremos drogas"

"¡Sí!, Yo nunca quiero arruinar mi vida usando drogas estúpidas," dijo Tyler seriamente.

Así que, allí mismo a la orilla del parque, los dos niños de diez años se prometieron a sí mismos y el uno al otro nunca tomar drogas. En la cabeza de Ethan brotaron estas palabras. Él le pidió a Tyler que levante su mano derecha y que repita después de Él: "Yo, como Cazador de Dragones, solemnemente prometo a mí mismo y a mi mejor amigo que nunca, nunca voy a usar drogas que solamente dañarán mi mente y mi cuerpo. ¡Yo escojo vida! ¡Los Cazadores de Dragones mandan!"

"¡Wow, Ethan! ¡Qué genial es esto! ¡Los Cazadores de Dragones mandan!" decía Tyler excitadamente, quien admiraba mucho a su amigo.

Entonces Ethan dijo seriamente, "Sabes, Tyler, Yo creo que debemos decirle a nuestros padres acerca de Jake and Paul que andan frecuentando el parque de esa manera. ¿Qué tal si ellos ofrecen drogas a otros niños que no son tan inteligentes con las drogas como nosotros?"

"Si, estoy de acuerdo," dijo Tyler. "¡Qué tal si algunos niños se mueren! ¡Tenemos que decirles!"

Los dos mejores amigos primero golpearon puños,

saltaron en sus patinetas coloridas, y felizmente patinaron en dirección a sus casas. Ambos estaban agradecidos con el Copiloto, quienes ellos sabían siempre les protegerá sus espaldas.

Lo que pudo ser un día desastroso se había convertido en día de gozo y promesa para el futuro.

Recuerden: "¡Los Cazadores de Dragones mandan!"

Libros Copiloto
Disponibles en algunas tiendas locales
Y todas las tiendas en línea

NIÑOS
Crónicas Copiloto 1 – Aumento brusco,
Christine Medicus and Bob O'Brien
Crónicas Copiloto 2 – Copiloto,
Christine Medicus and Bob O'Brien
Gozosa Jayden, Christine Medicus
Billy el Intimidador Dos, Pat David
El Conejo que se perdió, Nita Brady
Zephyr, El Cazador de Dragones,
Christine Thomas Doran

JOVENES/ADOLESCENTES
El Club de Cazadores de Dragones, Nita Brady
Escoge Vida, Christine Thomas Doran

ADULTOS
Testigo, Lee W. Hollingsworth

ESCUELAS Y CONSEJEROS
El Club de los Cazadores de Dragones,
Nita Brady

COPILOTO
Libérense – Manténganse Libres

Libros Copiloto, es una división de
Addiction Resource Systems, Inc..
dedicada a educar
niños de todas edades acerca de los peligros
de las adicciones y comportamientos adictivos.

breakfreestayfree.com

CPSIA information can be obtained
at www.ICGtesting.com
Printed in the USA
LVHW070805080621
689670LV00006B/412